<u>INDEX</u>

Introduction

Pour comprendre le positionnement du FN, il faut notamment revenir à la fin des années 1980, au moment de la chute du mur de Berlin. Le Front national de Jean-Marie Le Pen, alors en phase avec l'axe anticommuniste, se pose comme le défenseur de l'Occident chrétien et prétend incarner la véritable droite en se réclamant du président américain Ronald Reagan. Or, après la chute du mur de Berlin et l'éclatement de l'URSS, l'extrême droite française, désormais orpheline du communisme, n'a plus d'ennemi à l'Est. Elle doit par conséquent revoir sa politique internationale.

Pour ce faire, le FN va puiser dans les pensées de groupes, tels que le GRECE (club de pensée anti-égalitariste), qui développent la pensée du différencialisme culturel et s'opposent au métissage qui, selon eux, constitue un danger contre l'identité des peuples. Désormais, l'ennemi est à l'Ouest et il est américain car son hégémonie, culturelle et politique, menace justement les identités.

Le revirement du Front national, qui s'inscrit dans une logique contestataire, s'opère au début des années 1990 lorsqu'il s'oppose à la première guerre du Golfe, après l'invasion du Koweït par les troupes de l'Irakien Saddam Hussein. Depuis, le FN a défendu quasi-systématiquement les dictatures arabes contre les pays occidentaux, au nom du différencialisme, arguant que la démocratie et les valeurs occidentales sont inadaptées à ces populations. Un positionnement qui leur permet de légitimer leur opposition aux arabes et aux musulmans présents sur le territoire français.

Marine Le Pen

Marine Le Pen semble mal à l'aise car ce genre de dossiers gêne son entreprise de dédiabolisation du parti. Son pragmatisme la conduit à composer avec une partie de son entourage qui, par antisionisme radical, affiche son soutien au président Bachar al-Assad. Certains d'entre eux sont même très proches du régime syrien. Marine Le Pen ne veut pas se couper de cette puissante frange pro-arabe et antisioniste. Elle lui donne donc des gages en ne condamnant pas le régime des Assad, alors que paradoxalement elle n'a de cesse de tenter de normaliser ses relations avec la communauté juive et de se rapprocher de l'État d'Israël.

D'autant plus que pour justifier cette politique, la candidate frontiste développe son argumentaire classique. Elle affirme que la chute des "dictatures arabes laïques" pourrait favoriser l'instauration de dictatures islamistes aux portes de l'Europe. Un propos qui peut paraître parfois paradoxal puisque son parti entretient des relations plutôt cordiales avec des régimes islamistes tels que l'Iran. Toutefois, en agitant cette menace, elle limite l'impact de son positionnement en faveur des dictatures. De plus, ses électeurs ne font pas des relations internationales leur priorité.

Le FN porte Poutine et la Russie dans son cœur, or Poutine est l'allié de l'Iran, et son action en Syrie n'est pas uniquement contre Daesh, mais elle semble également aux observateurs les plus avertis une manière de nuire indirectement aux intérêts d'Israël.

Marine le Pen a été prise en flagrant délit d'apologie de l'Iran : *"Afin de contrer les Saoudiens, a déclaré Le Pen, la France doit s'allier à l'Iran. Les Saoudiens,* a-t-elle expliqué, *veulent, de façon très agressive, isoler l'Iran, mais la situation des femmes est de loin bien meilleure en Iran qu'en Arabie Saoudite, au Qatar, ou même au Koweït et dans les Emirats Arabes Unis."*

Apparemment, elle est complètement ignorante, aussi bien des viols dans les prisons iraniennes, de la coutume des « mariages » arrangés pour à peine une heure, comme forme de prostitution légale sur le plan religieux chi'ite, et du fait qu'il n'y a pas plus d'un an, l'Iran a voté une loi qui autorise les hommes à épouser leurs filles adoptives dès l'âge de 13 ans, ou même plus jeune (la « norme » est de 9 ans), avec la permission de sa famille. Tout ce qu'un homme a, par conséquent, à faire pour tirer parti de cette pédophilie légalisée, consiste à « adopter » sa victime, la marier, puis la violer légalement.

Mme Le Pen ne voit aucun problème à ce que l'Iran se dote de centrales nucléaires, alors qu'on sait pertinemment que c'est la première étape vers la construction d'armes nucléaires. Elle appelle également à la fin du boycott de l'Iran, concentrant ses critiques contre l'Arabie Saoudite, ami des US et entre nous pas pires que l'Iran. Mais voilà, l'axe Téhéran-Moscou a la préférence de Marine le Pen à celui Riyad-Washington.

Après avoir manipulé certains milieux politiques et du renseignement le régime des mollahs iraniens s'incruste-il dans la campagne législative à travers le discours des figures du Front national. La violence verbale utilisée par Marine Le Pen pour calomnier l'opposition iranienne, tout en s'en prenant à son adversaire du premier tour Jean-Luc Mélenchon peut paraitre surprenant pour certains. Elle a traité la principale force d'opposition iranienne d' « espèce de secte politico-religieuse (…) considérée comme une organisation terroriste tant par l'Union européen que par les Etats-Unis ».

Ce vocabulaire ressemble étrangement à celui des intégristes au pouvoir à Téhéran qui incarnent un fascisme à caractère religieux en manipulant la religion musulmane. Certes en répétant ces mensonges propagés par la dictature religieuse des mollahs contre son opposition démocratique, Mme Le Pen voulait régler ses comptes avec son adversaire par une méthode déshonorable.

L'histoire d'amour de la droite ultra et du régime des mollahs est une histoire ancienne. C'est pourquoi la famille Le Pen est une habituée de l'ambassade d'Iran. M. Le Pen n'a d'ailleurs perdu aucune occasion pour défendre ce régime abominable et lui afficher son amitié. Alors que les Iraniens se faisaient réprimer dans les rues par la milice d'Ahmadinejad et du guide suprême, Jean-Marie Le Pen minimisait l'ampleur de la révolte pour présenter Ahamdinejad comme victime. Il faudrait donc aller au-delà des apparences simplistes. La presse s'est très peu intéressée aux liens que certains milieux en France entretiennent avec les mollahs, il est peut être temps de s'y pencher.

Le boycott de l'Iran, proclame Marine Le Pen, devrait cesser immédiatement. Les entreprises françaises devraient vite retourner en Iran et suivre l'exemple de l'Allemagne et même de l'Amérique, qui sont si désireux de jouer un rôle important en Iran. Les Allemands se positionnent discrètement, ce qui prouve, d'après elle, que leurs politiques internationales sont «mieux avisées que les nôtres ».

L'idée profondément désinformatrice de Marine Le Pen, selon laquelle l'Amérique tente de soumettre la France la rend aveugle au fait que la République Islamique d'Iran est, au moins, aussi despotique que l'Arabie Saoudite, un aussi grand parrain du terrorisme international islamiste ; qui a, au moins autant, sinon plus, l'intention d' »anéantir Israël », et tout aussi déterminé à imposer sa version de l'Islamisme radical au monde.

«L'Arabie Saoudite soutient, partout, les Salafistes extrémistes», souligne Marine Le Pen. *«Il est évident que l'Arabie Saoudite soutient Al Qaïda et qu'elle le fait depuis très longtemps»*

Alain Soral

Alain Soral a rejoint le Front national en 2005, et a fortement collaboré à la dernière campagne présidentielle de Jean-Marie Le Pen. Il a d'ailleurs écrit, avec Marine Le Pen, le discours de Valmy de 2007. Il a quitté le parti lorsque celui-ci a refusé de lui offrir la tête de liste pour les Européennes en Île-de-France.

Les liens entre le Front national et Alain Soral ne s'arrêtent pas là. Frédéric Chatillon, responsable de la communication du FN, et Philippe Péninque, conseiller spécial de Marine Le Pen, ont ainsi participé à la fondation d'Égalité et Réconciliation. Les deux anciens du GUD ont aussi organisé les voyages d'Alain Soral et de Dieudonné en Iran, au Liban et en Syrie.

Marc George, ancien du Front national et ancien numéro 2 d'Égalité et Réconciliation, affirme pour sa part avoir quitté Alain Soral parce que celui-ci s'est mis à soutenir Marine Le Pen, parlant même d'un pacte dans un entretien au journal pétainiste Rivarol.

Alors qu'Alain Soral avait écrit une tribune «Marine m'a tuer» lors de son départ du FN, parlant de «*l'autoritarisme dû au manque d'autorité naturelle d'une personne, en réalité peu sure d'elle et pour qui l'exercice d'un pouvoir – qu'elle est inapte à exercer pour ne l'avoir pas conquis – consiste à couper des têtes pour ne s'entourer, au final, que de courtisans et d'imbéciles*» qui expliquerait que « *la « bande à Marine » – cet agglomérat de multi-transfuges, de marchands du Temple et de cage aux folles – a tout fait pour me barrer la route et me neutraliser depuis deux ans, et ce malgré la confiance et l'amitié que m'accordait le Président, le respect et la neutralité courtoise d'un Bruno Gollnisch* », il a finalement par la suite publié un éloge de Marine Le Pen dans le magazine Flash.

Plusieurs cadres d'Égalité et Réconciliation ont par la suite été aperçus au défilé du 1er mai du Front national. Jean-Marie Le Pen et Bruno Gollnisch ont fait le signe de la quenelle, créé par Alain Soral et Dieudonné. Si Marine Le Pen a affirmé que « *beaucoup de gens effectuent ce geste sans imaginer une demi-seconde qu'il y a une référence antisémite derrière* », les deux cadres du Front national, qu'on imagine mieux informés, ont tous deux assumé ce geste par la suite, Bruno Gollnisch le reproduisant d'ailleurs durant un conseil régional. Marie d'Herbais de Thun, ex-femme de Frédéric Chatillon, attachée de presse au FN, responsable du journal de bord de Jean-Marie Le Pen et candidate aux législatives en 2012, a aussi assumé ce geste.

D'autres têtes de liste du Front national sont proches d'Alain Soral et de ses idées. Christian Bouchet, candidat FN à Nantes et figure historique de l'extrême-droite, en est certainement le plus proche. Lydia Schénardi, candidate à Menton, fait des lectures de textes d'Alain Soral. Robert Ménard, qui se présente à Béziers, serait un « ami ». Julien Rochedy, candidat lui à Montélimar, se dit lecteur d'Alain Soral. Jean-Christophe Gruau, candidat à Laval, reprend une formule du « pamphlétaire célèbre ». Sylviane Boulet, candidate à Cergy, a célébré « la quenelle chez les Papous ». François Ihuel, initialement candidat à Briançon, a aussi repris la quenelle à son compte. Christophe Gillet, qui se présente à Jarnac, a fait une quenelle pour dénoncer la dénonciation de la quenelle.

Brune Ciron, sur la liste FN de Nice, est aussi un admirateur d'Alain Soral. Plusieurs militants et colistiers FN ont effectué la quenelle, à Chambéry, à Saint-Quentin, à Mont-de-Marsan, en Seine-et-Marne, dans le Morbihan, ainsi qu'un ancien candidat FN aux législatives dans le Val d'Oise. Certaines fédérations du FN citent le site d'Alain Soral.

Rappelons qu'Alain Soral se définit comme « national-socialiste », qu'il est systématiquement adepte de la théorie du complot, notamment pour l'assassinat de trois enfants dans une école juive par Mohamed Merah qui résulterait « *d'une opération conjointe franco-israélienne, dans le but de diaboliser les musulmans. C'est la version française, petit budget, des attentats du 11 septembre !* », qu'il affirme avoir « *été massacré par les deux cliques qui tiennent ce milieu, les pédés et les juifs* », qu'il dénonce le « *mariage pour tous* » comme « *une machination maçonnique, satanique, antichrétienne* », qu'il justifie sa quenelle devant le mémorial de la Shoah à Berlin en affirmant que «*ce Mémorial n'a de toute façon été construit que pour humilier le peuple berlinois, la plus grande victime de la guerre. Et aujourd'hui, vous savez à quoi il sert, ce monument ? C'est l'endroit où les pédés se retrouvent pour s'enculer !* », qu'il pense qu'il que « *la trahison et la solidarité sont au fondement* » de la « culture » du sionisme et qu'il « *y a peut-être des problèmes qui viennent de chez vous [les juifs, NDLR]* », qu'il accuse Delanoë de pédophilie, et qu'il a sous-titré son dernier livre (Dialogues désaccordés) « Combat de Blancs dans un tunnel ».

L'argent...

Le 3 avril 2013, une vidéo mise en ligne sur le site Dailymotion, relatant une interview d'Alain Soral, au cours duquel ce dernier indique que la liste électorale du « parti anti-sioniste » dont le coût aurait été de trois millions d'euros, a été financé par l'Iran et qu'à défaut de la réception de ce financement, le parti n'aurait pu présenter de candidats aux élections: *"Si on a pu faire la liste antisioniste qui a coûté 3 millions d'Euros, c'est parce qu'on a eu l'argent des iraniens. Il faut le dire, il fait être honnête. Si on ne l'avait pas eu, on n'aurait pas pu le faire, on n'a pas trois millions d'euros. Surtout qu'on les a perdus. Parce que pour être remboursé, il fallait faire 5% au minimum"* explique à l'antenne Alain Soral.

Une ligne idéologique qui est aussi un business. En janvier dernier, la cour d'appel a rejeté l'appel visant l'interdiction, pour antisémitisme, d'un livre et la censure de quatre autres, tous édités par Alain Soral. Le tribunal de grande instance de Bobigny avait ordonné, en novembre 2013, le retrait de "L'Anthologie des propos contre les juifs, le judaïsme et le sionisme" de Paul-Eric Blanrue, publié par la maison d'édition Kontre Kulture, dont Alain Soral est le directeur de publication.

Le tribunal avait également ordonné le retrait de passages figurant dans quatre ouvrages du XIXe et du XXe siècle, republiés par Alain Soral, "La France juive" d'Edouard Drumont, "Le salut par les Juifs" de Léon Bloy, "Le juif international" d'Henry Ford et "La controverse de Sion" de Douglas Reed. Un véritable reader's digest de l'histoire de la littérature antisémite.

Stages commando

Le Parti socialiste est inquiet. C'est Alain Soral qui fait peur aux dirigeants du PS. Ils s'émeuvent après la parution d'un article dans le Canard Enchaîné publié mercredi 6 août qui évoque l'organisation de stages commando. *"La nature belliqueuse des stages ne fait aucun doute. (...) Le PS appelle les pouvoirs publics à la plus grande vigilance"*, peut-on lire dans un communiqué.

Un petit tour sur le site Egalite et Réconciliation, tenu par Alain Soral permet d'en savoir plus. Une vidéo montre en effet ce que sont ces stages qui se déroulent régulièrement dans la forêt de Fontainebleau. Le prochain, organisé par l'organisation "Prenons le maquis" qui a pris la suite il y a quelques mois "d'Instincts de survie" est d'ailleurs annoncé pour la fin du mois d'août. C'est ce rassemblement qui est dans le collimateur du PS. "*Cette formation est centrée sur la notion de citoyen responsable*", peut-on lire sur le site où l'on apprend aussi qu'il faut débourser 200 euros pour un week-end. A première vue, les objectifs sont louables. "*A l'issue de cette formation, le participant aura appris à administrer les premiers soins, gérer une situation de crise et adopter les réactions adaptées, améliorer sa situation personnelle et rétablir des liens sociaux avec son entourage*", est-il mentionné.

Seulement en visionnant la vidéo d'un précédent stage, on s'aperçoit vite que l'on est loin de l'ambiance des camps de scouts. Il est certes question de feu de camp dans les bois et d'instruction pour apprendre les gestes de secours mais ces moment aussi l'occasion d'apprendre à se battre. Parfois à mains nues, dans des séances de self-défense mais aussi avec des couteaux. La scène la plus surréaliste est celle d'un homme qui riposte avec une arme à feu à un individu qui arrive dans son dos. Pour l'exercice, il s'agissait d'une balle à blanc. Pas sûr que ce soit toujours le cas si l'altercation devait survenir en pleine rue.

Poursuites judiciaires

Alain Soral et Dieudonné sont confrontés à de nombreuses poursuites judiciaires. Trois mois de prison avec sursis et 10.000 euros d'amende ont été requis à l'encontre de l'essayiste d'extrême droite, accusé d'incitation à "la haine, la discrimination ou la violence" à l'égard du journaliste Frédéric Haziza et de la communauté juive. Le tribunal a mis son jugement en délibéré au 21 novembre.

L'humoriste Dieudonné a lui été mis en examen cet été dans un dossier financier pour fraude fiscale, blanchiment et abus de biens sociaux. Et plusieurs procès se profilent encore. Dieudonné doit notamment être jugé le 26 novembre à Paris pour l'appel aux dons qu'il avait lancé sur internet pour payer ses condamnations pécuniaires, ce qu'interdit la loi.

Toujours à Paris, il est convoqué le 28 janvier 2015, pour provocation à la haine raciale après des propos sur le journaliste de France Inter, Patrick Cohen. "*Quand je l'entends parler, Patrick Cohen, je me dis, tu vois, les chambres à gaz... Dommage*", avait-il lancé lors de son spectacle "Le Mur", au théâtre de la Main d'Or à Paris.

Egalité & Réconciliation

4.231 personnes ont adhéré à Egalité & Réconciliation au cours de l'année 2014/2015 via Internet. Un document recense les souscriptions enregistrées sur le site web de l'association, entre le 1er mai 2014 et le 5 mai 2015. Ce chiffre de 4.231 adhérents ne prend pas en compte les inscriptions par chèque, voie postale ou réalisées de main à main pendant les conférences. Il est donc légèrement sous-évalué. Comparé aux 8.000 membres revendiqués d'un parti institutionnel comme Europe-Ecologie, il peut sembler important. Mais il est très loin du chiffre de 12.000 adhérents, régulièrement avancé dans les médias.

Il témoigne aussi des difficultés de l'association pour conquérir un nouveau public. En effet, ils étaient déjà 4.235 membres en 2013, d'après un compte-rendu d'assemblée générale. Et si quelques noms de personnalités de l'extrême droite figurent dans la liste des premiers adhérents comme celui de David Rachline, le sénateur-maire Front National de Fréjus, tous ont aujourd'hui déserté l'association.

Les adhésions restent néanmoins une source de revenus importante pour Egalité & Réconciliation. Toujours d'après le même document, elles ont rapporté au moins 137.736 euros à l'association du 1er mai 2014 au 5 mai 2015, le ticket d'entrée oscillant entre 20 et 50 euros. A ce chiffre d'affaire, il faut ajouter 15.946 euros de dons. Quant aux revenus des vidéos payantes sur Dailymotion, ils ont rapporté 15.538 euros en août 2014 et 12.256 euros sur les 5 premiers jours de septembre de la même année, indique Stéphane Condillac, le monsieur web d'E&R. En effet depuis juillet 2014, Alain Soral fait payer entre 2 et 3 euros le visionnage de ses grands entretiens mensuels.

Cet argent sert en partie à payer les auto-entrepreneurs qui alimentent le site d'Egalité & Réconciliation. Plusieurs documents détaillent les tarifs pratiqués : 5 centimes par commentaire modéré, 250 euros par revue de presse mensuelle ou encore 2,5 euros pour 1.500 signes édités. De quoi attirer des dizaines de « dissidents » en quête d'un petit job d'appoint.

Culture pour tous

Cette holding présidée par Soral exploite des marques dans le secteur de l'édition, du bio et du survivalisme. Un relevé bancaire de ses comptes, montre qu'elle a généré 163.034 euros, rien qu'au mois de mars 2015. C'est peu ou prou la même somme qu'au mois d'octobre 2014.

Depuis le livre Le système Soral on savait que Philippe Péninque, un des hommes d'affaires qui conseillent Marine Le Pen, s'était porté caution pour l'un des appartements d'Alain Soral. On apprend aujourd'hui qu'une société de son associé Frédéric Chatillon, également intime du clan Le Pen, organise les déplacements du staff d'Egalité & Réconciliation. Et Soral se fait plaisir. Quand il se rend à Lyon le 26 mai 2014 pour donner une conférence intitulée « Les Juifs et les autres », il insiste pour passer la nuit dans un 5 étoiles, « soit le Royal, soit la Cour des loges ». Si son garde du corps se contente de la chambre standard, lui demande la taille au-dessus. Soral passera la nuit dans une suite de 40m2, avec vue sur la place Bellecour, chambre et salon séparés et même… 2 téléviseurs LCD ! Pas mal pour l'autoproclamé dissident « antisystème ».

C'est la société Dreamwell qui a payé la note de 459 euros, comme l'attestent les vouchers émis par l'hôtel. Il faut y ajouter deux billets de train aller/retour en 1ère classe entre Lyon et Paris pour près de 600 euros. Soral précise à son équipe qu'il s'agit de l'agence avec qu'ils travailleront désormais pour « TOUS [leurs] déplacements ».

Dreamwell est au cœur de « la Gud connection », du nom de ce groupuscule nationaliste qui faisait le coup de poing sur les campus dans les années 1990 et dont les ex-membres s'occupent aujourd'hui des finances du Front National. Cette SAS est en effet détenue à 55% par la société Riwal, présidée par Frédéric Chatillon, ancien boss du Gud et principal prestataire du FN pour sa communication. Quant à Olivier Duguet, gérant-fondateur de Dreamwell qui a rendu ses parts en 2014 et également «gudard», il a été trésorier du micro-parti lepéniste Jeanne de 2010 à 2012, comme le révélait Mediapart. Depuis janvier 2015, ces deux proches de Marine Le Pen sont mis en examen pour financement illégal de parti politique dans l'affaire des kits de campagnes du FN.

Dieudonné

Plusieurs cadres du FN ont été vus aux spectacles de Dieudonné, notamment lorsque celui-ci a fait monter le négationniste Faurisson sur scène. Des formations pour les militants FN ont aussi été organisées à la Main d'Or, le théâtre de Dieudonné. Jean-Marie Le Pen est par ailleurs le parrain du quatrième fils de Dieudonné.

Alors que Dieudonné continue de faire parler de lui, ce sont cette fois ses liens avec l'Iran qui refont surface. Filmé lors des vœux de François Hollande aux autorités religieuses, Manuel Valls déclare au président du Conseil français du culte musulman, Dalil Boubakeur, que l'humoriste controversé est «financé par l'Iran». Une assertion confirmée à l'image par le recteur de la Grande mosquée de Paris. «Bien sûr», rétorque-t-il au ministre de l'Intérieur et des Cultes. Sans qu'aucun des deux toutefois n'étaye son propos par des faits précis.

S'il est impossible d'affirmer que le polémiste est aidé financièrement par la République islamique, des liens existent entre eux depuis au moins 2009. Le 21 novembre de cette année-là, Dieudonné M'Bala M'Bala avait effectué une visite en Iran, au cours de laquelle il avait rencontré le président de l'époque, Mahmoud Ahmadinejad, connu pour ses positions anti-Israël. L'entretien, qui avait duré une heure, s'était déroulé de manière «détendu(e) et amical(e)», selon le Parti anti-sioniste, sous les couleurs duquel l'ex-partenaire d'Elie Semoun s'était présenté quelques mois plus tôt aux élections européennes. Les deux hommes avaient abordé de «nombreux sujets, dont, entre autres, le sionisme». L'année suivante, Dieudonné mettra d'ailleurs en scène son amitié avec le chef de l'État iranien - une «guide pour (lui)» - dans son spectacle intitulé Mahmoud.

Au cours de ce même séjour, Dieudonné s'était également exprimé au cours d'une conférence sur le cinéma organisée au ministère de la Culture iranien. Dans une interview au quotidien pro-gouvernemental Tehran Times réalisée à cette occasion, il se plaignait de l'impossibilité d'aborder le thème de l'holocauste en France. Il y déplorait aussi l'annulation de 200 de ses spectacles à cause, selon lui, du lobby sioniste. Une visite qui a permis à Dieudonné de se voir ouvrir les portes des chaines de télévisions iraniennes à plusieurs reprises.

Au cours de l'année 2011, le rapprochement de Dieudonné et de la République islamique prend une tournure financière. Le Français réalise son premier long-métrage, L'Antisémite, qu'il coproduit avec une société iranienne. Le film, qui n'est pas diffusé en salles mais commercialisé sur internet pour ses seuls «abonnés», est présenté le 15 janvier 2012 en avant-première au théâtre de la Main d'or. L'humoriste y interprète le rôle principal: un homme alcoolique et violent, déguisé en officier nazi pour un bal costumé. Le négationniste Robert Faurisson y joue également pendant quelques minutes son propre rôle, tandis que la Shoah y est personnifiée en sainte.

Dieudonné est déjà la cible d'une enquête ordonnée par le parquet de Chartres depuis un an pour «blanchiment», «organisation d'insolvabilité» et «fraude fiscale». Selon Le Monde, il aurait envoyé plus de 400.000 euros au Cameroun depuis 2009, dont 230.000 euros pour la seule année 2013.

Yahia Gouasmi

Dieudonné s'est rendu en Iran afin de récolter des fonds pour lutter contre le sionisme. Dieudonné a tenté de libérer Clotilde Reiss, l'étudiante de science po Lille. L'humoriste controversé est devenu le porte voix des anti-sionistes. La tête de gondole. Dans son sillage, on voit revenir sans cesse un nom: Yahia Gouasmi. L'homme qui l'a accompagné en Iran. L'homme qui a vraisemblablement permis la rencontre avec le président Ahmadinejad. Plus discret qu'un Dieudonné, ce Nordiste, responsable du centre Zahra à Grande-Synthe (Dunkerque) bénéficie, semble-t-il, de vastes réseaux.

En Mai 2009, Dieudonné est en plein meeting lorsqu'il reçoit un coup de fil de Carlos. Depuis sa cellule de Poissy, le terroriste vénézuélien apporte son soutien à la tête de liste anti-sioniste. Gros coup de pub pour le Parti à quelques jours des européennes. Comment l'humoriste peut-il être en contact avec le terroriste du début des années 90 ? La réponse est peut-être à chercher dans son sillage. Yahia Gouasmi. Depuis le début de l'année, le nom revient systématiquement aux côtés de Dieudonné. Désigné, parfois, comme le financeur de la campagne des européennes.

Des interventions à la télévision iranienne, des interviews afin de promouvoir le mouvement anti-sioniste, des prises de positions virulentes. Et toujours ce même champ lexical où les mots sont pesés avant d'être posés. Où l'on veille à ne pas être taxé d'antisémitisme. Officiellement, président du centre Zahra, responsable de la fédération chiite de France (parfois soupçonnée de vouloir importer le conflit du Moyen-Orient dans la société française), fondateur du Parti anti-sioniste (3e position sur la liste aux dernières élections européennes) et de l'observatoire anti-sioniste. Un homme clé de cette mouvance anti-sioniste en France. La soixantaine enrobée, une allure de patriarche, un visage apaisant, le verbe réfléchi.

Le Centre Zahra

Né en Algérie, de nationalité française, Yahia Gouasmi vit à Grande Synthe depuis de plus de 20 ans. Grande Synthe, une adresse commune pour le centre Zahra et son émanation politique le Parti anti-sioniste (PAS). Pour en savoir davantage, direction son site internet. La page d'accueil s'ouvre sur une musique orientale envoûtante. Elle indique sobrement qu'il s'agit d'une association loi 1901 dont le but « est de faire connaître le message de l'Islam à travers le regard du Prophète et de sa famille ; de les faire connaître, de traduire leurs pensées et de témoigner de leurs œuvres ». Pas d'autre précision. Il y a quelques mois encore, on apprenait que cette association créée en 2005 comptait une centaine de membres, demeurait en construction et fermée au public...

Installé dans un ancien corps de ferme restauré, en retrait de la route, le centre se revendique comme un lieu de spiritualité proposant séminaires, conférences. Accueillant les adultes comme les jeunes enfants. Une association discrète dans le dunkerquois mais très active sur le net au travers de ses nombreuses vidéos diffusée sur sa chaîne Dailymotion.

Le site et ses nombreuses vidéos renseignent aussi sur les amitiés entretenues par l'association. Amitiés pour le moins sulfureuses. Au-delà de Dieudonné ou d'Alain Soral, on y trouve par exemple, Kémi Séba, chef de file des Damnés de l'impérialisme, dont le premier mouvement – la Tribu Ka – avait été dissous en 2006 pour incitation à la haine raciale et antisémitisme. D'autres noms interpellent aussi. Comme le père Michel Lelong, soutien du négationniste Roger Garaudy et favorable à la diffusion en France de la chaîne libanaise Al-Manar financée notamment par le Hezbollah ; une chaîne placée dans la liste des organisations terroristes par les Etats-Unis. On trouve encore des soutiens au Hezbollah. Ou des liens avec le Parti solidaire français, formation nationaliste « d'aspiration socialiste », dont un cadre figurait sur la liste emmenée par Dieudonné aux européennes de juin. On citera encore le nom d'Ahmed Moualek, responsable du site « La Banlieue s'exprime », rappelé à l'ordre cet été par la Licra (Ligue internationale contre le racisme et l'antisémitisme). Mais on voit se dessiner un réseau dans lequel gravitent groupuscules d'extrême droite, négationnistes, révisionnistes et anti-sionistes.

Un réseau dans lequel il paraît toutefois hasardeux de préciser le rôle joué par le centre Zahra et son charismatique responsable.

On trouve peu de renseignements sur ce Franco-algérien âgé de 60 ans. Avec deux autres hommes, Yahia Gouasmi est soupçonné d'être impliqué dans un attentat manqué contre un journaliste iranien opposant au régime islamiste à Londres en 1984. Il demeurera un mois à la prison de Loos-lez-Lille au secret, avant d'être remis en liberté faute d'éléments probants. Pas de conclusion hâtive, mais cela invite à en savoir davantage sur ce boucher halal dunkerquois.

Proche de Téhéran

Le boucher halal, qui rêvait de faire fortune en commerçant avec le monde arabe, n'a jamais fait mystère de son attachement à l'Iran et à l'imam Khomeiny. Et les vidéos largement diffusées sur le net en attestent aujourd'hui encore. Militant d'une République islamique au Maghreb, il entretient déjà de vastes réseaux.

Nul hasard au fait que Dieudonné, qui s'y est rendu plusieurs fois, présente le régime des ayatollahs comme l'espace de liberté par excellence, dont profitent des célébrités comme Robert Faurisson (pilier du négationnisme, condamné par les tribunaux français) et bien d'autres.

Frédéric Chatillon

Frédéric Chatillon, 44 ans. Ancien patron du Groupe union défense (GUD), phalange estudiantine encline à singer les rituels néonazis, ce colosse gominé, air rogue et veste de cuir, apparaît notamment en octobre 2011 en marge d'un meeting pro-Bachar ponctué de saluts hitlériens. Lui a fondé dès 1995 la société Riwal, "agence spécialisée dans le conseil en communication, la création graphique et l'événementiel", matrice flanquée treize ans plus tard d'une filiale baptisée Riwal Syria, censée œuvrer à la "*promotion des sociétés privées et des institutions publiques syriennes en France*". A commencer par le ministère du Tourisme, client généreux.

Frédéric Chatillon, proche de Marine Le Pen et l'un des principaux prestataires de services du FN et de sa présidente depuis 2011, a fait l'objet d'une enquête de la brigade financière à la suite d'un signalement de Tracfin, le service antiblanchiment de Bercy.

Ces investigations ont été closes par le parquet, sans donner lieu à des poursuites judiciaires. Les enquêteurs se seraient surtout penchés sur les virements effectués par l'ambassade de Syrie à Paris au bénéfice de Riwal, la société de M. Chatillon. Ils se seraient aussi intéressés à la galaxie Riwal, un ensemble de sociétés gérées par d'anciens membres du GUD, groupuscule étudiant d'extrême droite.

Fervent supporter du Hezbollah, M. Chatillon a, de longue date, des amitiés solides et haut placées à Damas. Cela a permis à sa société de réaliser une campagne pour le ministère syrien du tourisme. A l'époque, un car siglé avait traversé les rues de Paris quinze jours durant, agrémenté du slogan: "Syrie, une nouvelle aire". La promotion de ce pays avait été assurée, quelque temps auparavant, par un numéro spécial du magazine gratuit Cigale, édité par une société satellite de Riwal, et par une grande soirée organisée au Club de l'Etoile, discothèque parisienne.

En juin 2011, M. Chatillon lance Infosyrie, site Internet qui se veut un "organe de ré-information" au profit du régime syrien. Ami de Mustafa Tlass, ancien ministre de la défense d'Hafez Al-Assad, M. Chatillon l'a été aussi de son fils Manaf, ami de Bachar Al-Assad et général de la garde présidentielle, qui vient de faire défection. Cette nouvelle saluée en ces termes, le 6 juillet, par

Infosyrie: "Manaf Tlass commet quand même une désertion devant l'ennemi, lui le général: il trahit non seulement Bachar mais les hommes qu'il a commandés, dont certains sont morts et dont d'autres mourront encore au combat."

M. Chatillon laisse entendre que les investigations menées l'ont été pour des raisons politiques, avec Marine Le Pen en ligne de mire. "*Je ne sais si c'est Sarkozy ou l'Etat français, mais, en tout cas, c'est politique. (...) A cause du bruit autour de la campagne de Marine, ils ont cherché des trucs*", affirme-t-il.

"*Je n'ai jamais été inquiète, assure, pour sa part, Mme Le Pen. La preuve: il n'y a pas eu de débouchés judiciaires*". Elle dit, à son tour, avoir été prévenue en juillet 2011, par M. Chatillon, du signalement Tracfin. Candidate à la présidentielle, Mme Le Pen a toujours pris soin de présenter M. Chatillon comme un simple fournisseur.

Pour autant, dès son arrivée à la tête du FN, elle confiait à ce dernier et à ses proches des missions stratégiques. C'est le cas d'Olivier Duguet, trésorier de Jeanne, le micro-parti de Mme Le Pen, créé fin 2010. Ancien du GUD, où il jouait les hommes de main de M. Chatillon, il était, avec ce dernier, dans les premiers rangs de la manifestation parisienne de soutien à Bachar Al-Assad, en octobre 2011. On a pu l'apercevoir également à la soirée électorale du FN après le premier tour de l'élection présidentielle.

M. Duguet gère, entre autres, Dreamwell, la filiale publicitaire de Riwal. Figure aussi, à la présidence de Jeanne, l'épouse du bras droit de M. Chatillon à Riwal. "*C'est moi qui les ai nommés*", confirme Mm eLe Pen, qui indique que Jeanne "*va se rapprocher du FN*". Dans un avenir proche, cette structure sortira de son univers parallèle pour être pilotée par "*des cadres dirigeants du FN*".

La maison Chatillon doit pour l'essentiel sa bonne fortune au parrainage des Tlass, dynastie baasiste autrefois très en cour et prompte à financer l'impression d'affiches et d'ouvrages révisionnistes. Sunnite, le père Mustapha fut ministre de la Défense; quant au fils Manaf, général placé à la tête d'une unité d'élite, il a fait défection. "*Trahison d'enfant gâté*" instantanément fustigée par le site Infosyrie.fr, autre planète de la galaxie Chatillon, domiciliée elle aussi rue Vineuse, dans le XVIe arrondissement. Cette "*agence de ré-information*" s'emploie, comme son nom l'indique, à corriger les ravages d'une couverture mensongère de la tragédie syrienne.

Thierry Meyssan

Thierry Meyssan s'est rendu célèbre en écrivant, dans L'Effroyable Imposture, puis dans Le Pentagate (Carnot), que les services secrets américains avaient monté les attentats contre le Pentagone et le World Trade Center. Les esprits sensés savent que ces thèses sont délirantes, pourtant, à la tête de Réseau Voltaire.net, une agence d'information alternative qu'il a créée en 1994 (en ligne depuis 1998), Thierry Meyssan continue d'inonder le monde de ses «scoops» et d'influencer une certaine gauche française, peu regardante sur la rigueur. Plus grave, cet homme est considéré à travers le monde comme un «dieu vivant», selon l'expression de la politologue Fiammetta Venner, qui lui consacre un portrait remarquablement enquêté: L'Effroyable Imposteur, chez Grasset.

Les thèses extravagantes de Thierry Meyssan, qui, selon Fiammetta Venner, se présente partout comme l' «*ambassadeur de la liberté d'expression*», ont en réalité servi les intérêts de ceux qui, notamment, chargent les Etats-Unis et diabolisent les juifs. Et comblé à travers le monde les lecteurs épris d'irrationnel qui, se méfiant des vérités officielles, finissent par douter de toute information raisonnable: c'est si facile de croire au complot ennemi.

Surtout Thierry Meyssan affirme que pas moins que la DGSE et la CIA ont tenté de l'assassiner... sans succès : « *Je n'aime pas évoquer les opérations qui ont été conduites par la CIA et la DGSE pour m'éliminer parce que je ne peux pas en apporter la preuve* »

Vive la révolution

«*La victoire de la révolution islamique d'Iran de 1979, peut être évaluée, dans l'histoire du monde, aux côtés d'autres grands événements comme la révolution française de 1789 et de la révolution d'octobre 1917. (...) La révolution islamique continue d'être une source d'inspiration pour un nombre considérable de mouvements populaires et révolutionnaires. Cela montre que le peuple iranien reste toujours attaché à sa révolution. (...) La révolution islamique d'Iran a une nation qui inspire, automatiquement, les valeurs auxquelles aspirent les nations du monde* ». Ces propos sont extraits d'une interview de Thierry Meyssan publiée sur le site de l'IRIB, l'agence de presse officielle de la République islamique.

Les premiers contacts de Meyssan avec les mollahs et leurs supplétifs libanais remontent à 2002. Cette année-là, Meyssan publie son best-seller conspirationniste, L'Effroyable imposture, un livre dont la traduction et l'impression en persan est assurée par le gouvernement iranien. En 2008, Meyssan quitte la «zone OTAN» pour la Syrie avant de se fixer définitivement au pays du Cèdre. Il déclare travailler aujourd'hui pour Al-Manar, la chaîne de télévision du Hezbollah et intervient régulièrement sur Sahar TV, une chaîne satellitaire appartenant à l'IRIB.

La méthode de désinformation est bien huilée. Elle consiste en une stricte application d'un principe immémorial : « la meilleure défense, c'est l'attaque ». Les Iraniens descendent dans la rue pour protester contre les fraudes électorales qui ont entaché la réélection de l'ultra-conservateur Ahmadinejad ? Meyssan explique que les manifestants sont manipulés par la CIA ; des hauts responsables iraniens sont impliqués dans l'attentat contre la communauté juive de Buenos Aires en 1994 ? Meyssan incrimine le Mossad; le Spiegel révèle que le Hezbollah est impliqué dans l'assassinat de l'ancien premier ministre libanais Rafiq Hariri? Meyssan accuse les Etats-Unis et Israël d'avoir commandité l'attentat ; etc.

Sur le site « reopen911 », le site des révisionnistes du 11/09, où il déclare : « Je ne suis pas simplement proche d'al-Manar [la chaine de propagande du Hezbollah], je prépare actuellement des émissions et des documentaires pour elle. Cette chaîne se définit comme la voix de la Résistance dans une région en guerre».

Plus loin, il compare le Hezbollah de Nasrallah à Jean Moulin : « Je me sens donc proche du Hezbollah en tant que principal réseau de résistance au proche-Orient (...) J'éprouve beaucoup d'admiration pour Hassan Nasrallah, parce qu'il n'est pas seulement un grand résistant, mais parce qu'il a une vision claire du conflit et une pensée généreuse.»

L'affaire Dieudonné

Communique du 10 Janvier 2014 (Réseau Voltaire)

Le Réseau Voltaire possède dans son objet social la défense des idéaux qui ont présidé à la Révolution française de 1789 et également au droit international tel qu'il est contenu dans la charte de l'ONU. En outre et selon ses statuts le Réseau Voltaire s'oppose à tous types de censures et à tous types de discriminations raciales ou fonction des préférences sexuelles.

De ce fait même, le Réseau Voltaire juge insupportables et inquiétants les actes de censures pris à l'encontre de Dieudonné pourquoi ?En fonction de ses idéaux fondamentaux et notamment en se référant à la Déclaration des droits de l'homme et du citoyen de 1789, le Réseau Voltaire a pris plusieurs positions et milite activement pour ces dites et fondamentales positions.

D'abord, étant farouchement républicain, le Réseau Voltaire milite pour que s'exerce la souveraineté de la nation sur notre république selon l'article 3 de la DDHC, en conséquence de quoi il ne peut être qu'opposé à toute soumission de notre État à des intérêts étrangers, qu'ils soient israéliens, saoudiens ou étasuniens.

Notre république, si elle voulait respecter la volonté de ses initiateurs, devrait absolument et expressément sortir de l'OTAN, de l'Union européenne et de la zone euro. Mais malheureusement, des forces étrangères ont pris le pouvoir en France et détourné nos valeurs républicaines et nationales pour ne faire de la France qu'un pays soumis et en phase de dégénérescence rapide, comme chaque Français peut le constater aujourd'hui avec l'accentuation de la désindustrialisation et donc de l'extension du chômage et la pauvreté.

Le pouvoir qui sévit en France, surtout depuis l'avènement de Nicolas Sarkozy, est soumis sans aucune retenue à ces intérêts étrangers et impérialistes, qu'ils soient israéliens, saoudiens ou étasuniens.Cette extrême soumission a lancé notre pays et ses forces armées dans d'horribles guerres coloniales ; contre la Libye d'abord et la Syrie ensuite par l'armement le soutien logistique, financier et militaire des forces jihadistes liées à Al-Qaïda, c'est-à-dire à l'Arabie Saoudite, aux USA et à Israël.

Ces trois pays forment un axe de soutien politique et financier au pire des impérialismes que le monde ait connu depuis longtemps en terme de malfaisance et d'agressivité.Face à cette politique, le peuple français ne cache plus sa colère, colère qui s'exprime de manières les plus spontanées et les plus diverses.

Jadis l'existence d'un Parti communiste et de syndicats pouvait organiser et canaliser les colères populaires. Aujourd'hui l'inexistence de partis d'opposition, l'exacte similitude à tous points de vue entre la droite et la gauche institutionnelle, la collaboration de ce qui reste de l'ancien Parti communiste français avec les forces impérialistes de l'intérieur laissent notre peuple à sa colère et sans aucune perspective politique.

Dans ce contexte, certaines personnalités deviennent çà et là des leaders d'opinion grâce à l'Internet et aux réseaux sociaux qui permettent la diffusion extrêmement rapide de l'information. Ces leaders d'opinions peuvent prendre une importance considérable, la nature ayant horreur du vide politique dans lequel la néo-gauche a laissé le peuple français. Ainsi l'humoriste Dieudonné a cristallisé autour de lui la colère du peuple et son signe de ralliement, la « quenelle », est devenu le signe de reconnaissance de tous ceux opposés au système impérialiste, intérieur et extérieur et à ses supports politico-médiatiques qui sévissent dans notre pays.

Face au danger, ces forces impérialistes utilisent une stratégie mise en œuvre depuis longtemps et inaugurée contre nous, le Réseau Voltaire, à la suite de notre critique de la version officielle donnée par les USA et les politico-médias des attentats du 11 septembre 2001. Cette stratégie consiste à vouloir diaboliser l'adversaire en le qualifiant de nazi et en rejetant à ce que l'impérialisme appelle « l'extrême droite » toute contestation de son système.

Pour ce faire cet impérialisme a pris le parti d'instrumenter le martyre des juifs d'Europe par les nazis durant la Seconde Guerre mondiale en amalgamant toute critique de l'impérialisme dans lequel l'État israélien a cru devoir s'impliquer, à une manifestation antisémite, voire carrément nazie. Dans cet ordre d'idée, il a lancé l'idée saugrenue que le signe de la « quenelle » était un salut nazi inversé et de ce fait accusé les auteurs de ce signe d'apologie de crime de guerre et de crime contre l'humanité pouvant être poursuivis par la justice.

L'implication particulière d'Israël avec les sionistes du monde en première ligne dans cet épouvantable impérialisme massacreur de peuples comme en Libye, en Palestine et en Syrie a cristallisé contre lui une grande colère populaire, colère qui s'exprime de différentes manières et qui de temps en temps retombe sur les juifs malheureusement et d'une inquiétante façon. L'instrumentation éhontée du martyre juif a attiré l'attention de beaucoup sur ce martyre et sa critique en est malheureusement devenu le corollaire.

Dieudonné en tant qu'humoriste provocateur, suivant en cela une tradition française allant de Coluche à Pierre Desproges, a poussé la provocation humoristique jusqu'à faire grincer des dents avec son Shoananas pendant du tout aussi raciste Chaud cacao d'Annie Cordy déguisée en négresse et qui pouvait également choquer la sensibilité des Africains.

Les forces impérialistes de l'intérieur, poussées en cela par l'État d'Israël, ont pris prétexte des spectacles de Dieudonné et particulièrement de son dernier spectacle Le Mur, qui est une vive critique du sionisme, pour demander à ses séides locaux de censurer ces spectacles en allant même au-delà de la loi française, qui garantit la liberté d'expression. Cette censure rejetée par le tribunal administratif a pris la forme d'un coup de force, quasiment d'un coup d'État, en obligeant un Conseil d'État aux ordres du pouvoir exécutif à censurer le spectacle de Nantes.

Le pire est que cette censure s'est faite dans la bruyante et éhontée approbation de la néo-gauche, dont d'ailleurs il est remarquable qu'elle s'aligne systématiquement sur l'impérialisme extérieur, comme pour les guerres de Libye et de Syrie, comme sur l'impérialisme intérieur, qui essaye de nous faire accepter la soumission du peuple français à l'OTAN à l'Union européenne et à l'euro.

Le Réseau Voltaire France, comme le Réseau Voltaire International, proteste énergiquement contre la censure qui de plus en plus sévit en France, empêchant toute contestation du système impérialiste dans les médias. Il est d'ailleurs remarquable que seule la BBC nous ait demandé notre point de vue sur l'affaire Dieudonné.

Thierry Meyssan et moi-même, Alain Benajam, président du Réseau Voltaire France, tout en ne partageant pas toujours son point de vue, assurons Dieudonné, humoriste sainement provocateur, de notre soutien et de notre solidarité dans sa bataille contre la censure et pour le respect du droit républicain.

La stratégie de l'Iran

La librairie Ogmios

La librairie Ogmios (dans le 1er arrondissement de Paris) était dans les années 80 un des lieux de rassemblement les plus prisés des négationnistes, fascistes et néonazis français. A cette époque, elle est dirigée par Tristan Mordrel, exclu du Groupement de recherche et d'études pour la civilisation européenne, également connu sous l'acronyme G.R.E.C.E, et par Jean-Dominique Larrieu, cofondateurs des éditions Avalon, qui publie la première traduction du « Mythe du XXe siècle » du théoricien du parti nazi, Alfred Rosenberg. Leur principal « conseiller littéraire » est Olivier Mathieu, qui après avoir été membre du G.R.E.C.E, n'a pas pu y rester en raison de ses tonitruantes déclarations hitlériennes et antisémites publiques.

Justement, c'est en 1986, que les RG découvrent que Wahid Gordji, un attaché de l'ambassade d'Iran et le banquier suisse François Genoud connu pour son aide à la diaspora nazie, fréquentent la librairie néonazie Ogmios. Jean-Dominique Larrieu entretient des liens très étroits avec le célèbre diplomate iranien. Par son intermédiaire, l'Iran finance plusieurs publications éditées par la nébuleuse Ogmios. Larrieu est même invité en Iran, sur le front de guerre Iran-Irak notamment. Plus incroyable, l'iranien remet un chèque d'un montant de 120.000 francs (environ 18.000 euros) aux dirigeants des Editions Avalon et de la librairie. L'argent sert de caution bancaire pour l'édition du catalogue de vente par correspondance de la librairie (éditions des « Livres chez nous »). Un an plus tard et pour d'autres raisons (29 novembre 1987) Wahid Gordji sera expulsé de France après un blocus de cinq mois des ambassades respectives des deux pays. La police française voulait l'entendre comme témoin dans le cadre de l'enquête sur les attentats de 1986 à Paris, qui avaient fait treize morts et de très nombreux blessés.

« Terre d'asile... »

Il est une constante de la politique extérieure de la République islamique. Bien avant que Mahmoud Ahmadinejad prenne le pouvoir, l'Iran accueillait à bras ouverts les négateurs de la Shoah. Un négationniste suisse, Jürgen Graf, a ainsi trouvé l'asile politique à Téhéran. Il avait fui son pays après avoir été condamné à 15 mois de prison ferme pour avoir, avec son mouvement "Vérité et Justice", nié le génocide. Le français Roger Garaudy s'est lui aussi rendu en visite en Iran, il a même été reçu par l'Ayatollah Khamenei, guide suprême de la Révolution, le 20 avril 1998 (jour anniversaire de la naissance d'Adolf Hitler à Braunau sur Inn).

Après qu'il eut été condamné en France en 1998 pour avoir soutenu la thèse d'un complot sioniste qui aurait inventé la Shoah pour justifier l'expansionnisme israélien et après avoir nié le génocide commis par les nazis contre les Juifs, le philosophe Roger Garaudy avait été soutenu par une pétition de 160 membres du Parlement iranien, ainsi que par la prétendue Commission Islamique des Droits de l'Homme de ce pays, au nom "de la liberté d'expression". Dans le même temps, la radio d'Etat iranienne, IRIB, donnait la parole aux négationnistes du monde entier comme Mark Weber, le directeur américain de l'institut négationniste, Institute for Historical Review ; le négationniste et néonazi germano-canadien Ernst Zündel et l'ancien officier de l'armée marocaine réfugié en Suède, du nom d'Ahmed Rami, animateur du site Internet négationniste Radio Islam.

Dès la fin de l'année 2005 et tout au long de l'année 2006, le président Mahmoud Ahmadinejad multiplie les déclarations provocatrices et assassines sur le génocide. En décembre 2006, une conférence sur "la réalité de l'Holocauste", que le président iranien avait qualifiée de "mythe", et sur l'utilisation de chambres à gaz dans les camps de concentration nazis, s'ouvre à Téhéran sous les auspices des autorités iraniennes. Cette réunion de deux jours est organisée à l'Institut d'études politiques et internationales du ministère des Affaires étrangères. Selon les autorités iraniennes, 67 étrangers y participent. Le Français Georges Thiel, alias Gilbert Dubreuil, membre du Front national, condamné à plusieurs reprises pour négationnisme, y réaffirme que la Shoah est un "énorme mensonge". "Les juifs ont été persécutés, c'est vrai, ils ont été déportés, c'est vrai, mais il n'y a pas eu de meurtre industriel, il n'y a pas eu de chambres à gaz", dit-il (Libération, 11 décembre 2006).

C'est encore à Téhéran que se tient la grande Foire Internationale du Livre: 5,5 millions de visiteurs assistent à l'évènement qui s'étale sur dix jours et auquel sont présents plus de 3000 éditeurs nationaux et internationaux venus de 80 pays différents, faisant de cette foire littéraire la plus grande du Moyen-Orient.

Dans le même temps, la Foire acquiert une autre distinction: celle d'être la plus grande exposition de littérature antisémite au monde. Près de 160 livres au contenu antisémite y seront vendus. Ces ouvrages vont de nouvelles éditions des "Protocoles des Sages de Sion", à la littérature négationniste en passant par de pseudo travaux ayant trait à la prétendue domination que les juifs exerceraient sur la finance mondiale et la politique américaine. Certains sont même le produit direct du gouvernement, citons parmi eux "Les Juifs, le Sionisme et l'Holocauste", un manuel scolaire publié par le Ministère de l'Education à l'usage des écoles. Enfin, au stand du Bureau Présidentiel est présenté l'ouvrage "La Mort d'un Mythe: Le Point de Vue du Président Ahmadinedjad sur l'Holocauste". On peut aussi y trouver les "ouvrages" de Robert Faurisson, Roger Garaudy et Mark Weber.

La Rencontre

Le 10 Avril 2010, des militants ou des chefs de groupes et groupuscules d'extrême droite rencontrent l'ambassadeur de la République islamique d'Iran. Lors de cette rencontre, Seyed Mehdi Miraboutalebi, dit vouloir *"approfondir les relations entre les deux peuples [...] parce que les médias injectent des idées préconçues dans les opinions publiques [sur l'Iran]"*.

Il se prête alors à un jeu de questions réponses dans un bar parisien du Vème arrondissement tenu par un ex-militant du Renouveau français, ex-colistier de la liste antisioniste de Dieudonné, très proche des hooligans du PSG et des ultranationalistes serbes. Et cette étrange causerie est organisée par le journal Flash, bimensuel d'une extrême droite qui se veut altermondialiste et dans lequel écrivent, entre autres, Christian Bouchet, membre du Front national (FN) depuis 2008, l'écrivain, chroniqueur politique Philippe Randa et l'essayiste Alain Soral.

Dans la salle se trouvent Marc George, ex-secrétaire général d'Égalité et Réconciliation, association politique fondée en juin 2007 par son président Alain Soral ; Jacques Bordes, un nationaliste-révolutionnaire proche de feu François Duprat, très introduit dans certains cercles du Proche-Orient ; Thomas Werlet, le chef du Parti solidaire français, un groupuscule d'extrême-droite; Pierre Panet, un ami de Dieudonné et auteur d'un texte intitulé "Faurisson, un humaniste". A noter que depuis cette date, le Parti Solidaire Français de Thomas Werlet a été reçu avec les honneurs par Mohammad Husseini le ministre de la culture d'Ahmadinejad.

Bref, cette brochette, rassemblée autour de l'ambassadeur d'Iran, révèle la collusion d'idées qui rapproche certains groupes antisémites et/ou d'extrême-droite, apparemment désireux de travailler avec l'ambassade d'Iran. Quant à leur ambassadeur, cela ne lui pose aucun problème. Il scelle ainsi une alliance entre islamistes, antisionistes et antisémites, négationnistes et/ou militants d'extrême droite.

Parmi les "personnalités" les plus emblématiques, arrêtons-nous sur une figure qui donne corps à certaines collusions. Dans le sillage de Dieudonné, on voit revenir sans cesse un nom: Yahia Gouasmi. L'homme qui l'a accompagné en Iran et qui préside le Parti antisioniste, le centre Zahra et la Fédération des chiites de France est un proche de Dieudonné M'bala M'bala. Un Gouasmi qui permet à Dieudonné de rencontrer en novembre 2009, le Président de la République islamique d'Iran. Selon le site Internet du parti antisioniste, l'entretien a duré une heure, et a permis d'aborder de nombreux sujets, dont le sionisme...

Depuis cette date, des représentants de l'extrême droite française on fait de nombreux voyages en Iran. Citons parmi ceux-là: Yahia Gouasmi, Dieudonné M'Bala M'Bala, Maria Poumier (universitaire proche de Roger Garaudy) et Ginette Hess-Skandrani ou plus récemment l'écrivain conspirationniste Thierry Meyssan, ainsi que le négationniste Paul-Éric Blanrue (auteur d'un film à la gloire du négationniste Robert Faurisson) et d'une pétition en faveur de la libération de Vincent Reynouard, un (autre) militant négationniste. Ces deux derniers personnages ont fait partie en 2011 des invités officiels du 29e festival du film "Fajr" de Téhéran (festival du film annuel de l'Iran).

Juifs de France

À l'automne 2003, Marine Le Pen se rend aux États-Unis. Elle est accompagnée, entre autres, de Louis Aliot et d'un de ses proches, Guido Lombardi, un ancien représentant de la Ligue du Nord italienne. Ce dernier a rencontré Marine Le Pen quelque temps auparavant et considère qu'elle a un avenir politique.

Selon Carl Lang, c'est un «voyage clé, quasi secret» pendant lequel elle crée des contacts déterminants. Pendant une semaine, ils «rencontrent des gens de l'administration Bush, des personnes de la CIA et du FBI» et établissent des connexions. Ce voyage doit être considéré comme un remake de la tournée de Jean-Marie Le Pen, en 1987, juste avant la présidentielle de 1988. Il reste méconnu et, en même temps, essentiel pour appréhender la stratégie du FN mariniste.

Huit ans plus tard, et quelques mois après son élection à la présidence du FN, Marine Le Pen se rend de nouveau aux États-Unis avec, dans son entourage, encore une fois, Guido Lombardi. Elle ne parvient pas à s'afficher avec des personnalités politiques éminentes, mis à part Ron Prosor, l'ambassadeur d'Israël à l'ONU ; un entretien qualifié très vite de « malentendu » par les autorités israéliennes. Son compagnon et le vice-président chargé de la formation et des manifestations du FN, Louis Aliot, retourne en Israël peu après. Sa visite (qu'il qualifie de « privée ») aurait pour objectif de « montrer aux Franco-Israéliens que le FN a évolué. Que le parti de Marine Le Pen n'est plus de la génération de son père », précise Michel Fooris, candidat FN pour les Français de l'étranger dans la huitième circonscription.

Ces déplacements, qualifiés par le compagnon de Marine Le Pen de « déterminants», s'inscrivent dans la continuité de la première phase, entamée au début des années 2000, et la prolongent. De nouveau, en 2011, Marine Le Pen échoue.

Depuis son accession à la présidence du FN, elle montre clairement qu'elle veut en finir avec le lepénisme, notamment en balayant toute suspicion d'antisémitisme. La rupture avec le FN historique se situe, entre autres, sur ce point. Régulièrement, La présidente du FN envoie des signes aux Juifs de France. Par exemple, dans un entretien paru dans l'hebdomadaire Valeurs actuelles (19 juin 2014), elle s'exprime peu après le énième dérapage de son père.

Elle souhaite remettre les choses à leur place. Non seulement, affirme-t-elle, le FN n'est pas un adversaire des Juifs mais il est, «dans l'avenir, le meilleur bouclier pour (les) protéger ». La « dédiabolisation du FN ne porte que sur l'antisémitisme», expliquait en 2013 Louis Aliot. Le vice-président du parti continuait : « En distribuant des tracts dans la rue, le seul plafond de verre que je voyais ce n'était pas l'immigration ni l'islam... D'autres sont pires que nous sur ces sujets-là. C'est l'antisémitisme qui empêche les gens de voter pour nous.

Il n'y a que cela. À partir du moment où vous faites sauter ce verrou idéologique, vous libérez le reste. [...] Depuis que je la connais, Marine Le Pen est d'accord avec cela. Elle ne comprenait pas pourquoi et comment son père et les autres ne voyaient pas que c'était le verrou. Elle aussi avait une vie à l'extérieur, des amis qui étaient aux antipodes sur ces questions-là des Le Gallou et autres. C'est la chose à faire sauter. »

Les paroles de Louis Aliot sont à analyser au regard des nouveaux marqueurs avancés par ces hommes et femmes qui prétendent construire un autre Front National. Le changement de nom – et du logo – du Front National est à situer sur ce plan : celui de la rupture dénitive du FN avec son discours antisémite dans la perspective de prendre le pouvoir.

Crif

Sur Europe 1, lundi 23 février, le président du Conseil représentatif des institutions juives de France (CRIF), Roger Cukierman, a déclaré que la présidente du Front national, Marine Le Pen, «était irréprochable personnellement ». «On est tous conscients, dans le monde juif, que derrière Marine Le Pen, qui est irréprochable personnellement, il y a tous les négationnistes, tous les vichystes, tous les pétainistes. Pour nous, le FN est un parti à éviter », a-t-il indiqué.

M. Cukierman a tenu à préciser ensuite ses propos, indiquant à l'AFP que « Mme Le Pen n'est pas fréquentable parce qu'elle ne s'est pas désolidarisée des propos de son père », le président d'honneur du parti d'extrême droite, Jean-Marie Le Pen.

Des déclarations qui interviennent à quelques heures du 30e dîner annuel du CRIF, à laquelle Marine Le Pen n'est pas invitée, « parce que son parti est infréquentable ». « Le Front national est un parti pour lequel je ne voterai jamais, mais c'est un parti qui ne commet pas de violences ». a-t-il nuancé. Avant d'ajouter : « Toutes les violences aujourd'hui, et il faut dire les choses, sont commises par des jeunes musulmans. C'est une toute petite minorité de la communauté, c'est les musulmans en sont les premières victimes. »

Les propos de M. Cukierman à propos de Mme Le Pen ont provoqué l'indignation de plusieurs personnalités, dont le député (PS, Hauts-de-Seine) Alexis Bachelay, qui a appelé les responsables politiques à « condamner [ses] propos et boycotter le dîner du CRIF ». Sur Twitter, l'ex-patronne du Medef, Laurence Parisot, a quant à elle fait part de sa stupeur face aux propos du président du CRIF.

Dans l'après-midi, le Conseil français du culte musulman (CFCM) a fait savoir, par communiqué, qu'il jugeait « inopportun de participer au dîner du CRIF de ce soir ». Pour le CFCM, « considérer que "toutes les violences aujourd'hui sont commises par des jeunes musulmans" […] sont des déclarations irresponsables et inadmissibles qui contreviennent au principe même du vivre-ensemble ».

La distinction opérée par M. Cukierman entre Mme Le Pen et son parti avait fait bondir Serge Klarsfeld : « Mme Le Pen n'a pas rompu avec son père. Elle dirige le Front national qui porte le passif des prises de position antisémites du père qui est président d'honneur du Front national », avait réagi auprès de l'AFP l'avocat et historien, fils d'un déporté à Auschwitz-Birkenau.

Roger Cukierman : "Il est indigne, pour un juif, de voter pour le FN. Nous avons un devoir de mémoire, et le devoir de nous rappeler qu'il y a eu beaucoup de vichystes, de négationnistes, de pétainistes au FN et que ceux qui se reconnaissent dans ces idéologies y sont encore. Le Crif vient de publier, à l'approche des élections régionales, un communiqué rappelant notre rejet des extrêmes, de gauche et de droite, et du Front national en particulier, nous le nommons. C'est indigne pour les Juifs de voter pour le FN.

« Le CRIF appelle à voter massivement dimanche prochain pour faire barrage au Front national, parti xénophobe et populiste. Ne laissons pas la République reculer ! », s'insurge dans un communiqué l'organisation communautaire.

Le CRIF reste toutefois silencieux sur le « ni retrait ni fusion » prôné par Nicolas Sarkozy, le président du parti Les Républicains. L'avocat Arno Klarsfeld, pourtant considéré comme un proche de Nicolas Sarkozy, s'est désolidarisé du président des Républicains, qualifiant de « politique du pire » le « ni retrait ni fusion ».